10

供电企业生产技能人员标准化作业培训教材

# 变压器例行检修

福建省电力有限公司　组编

输变电

中国电力出版社
CHINA ELECTRIC POWER PRESS

## 内 容 提 要

本册书是按照《供电企业生产技能人员标准化作业培训教材》体系的要求，结合生产实际编写而成。本册书共分为两大部分，第一部分根据变压器例行检修的项目内容，介绍变压器例行检修标准化作业的工作流程、安全风险与预控、工作质量标准与控制等内容，并结合变压器例行检修实际案例，对变压器例行检修操作要点、关键步骤的控制、安全注意事项、管理要求等进行了具体分析。第二部分主要介绍了实际作业案例相关的标准化作业文本。

本册书作者都是长期从事电力生产一线的员工，有较为丰富的现场实际经验，所列举的案例在实际生产过程中较为典型，具有较强的生产现场指导意义。本册书可作为供电企业电网输变电工作人员的培训教学用书，也可作为电力职业院校教学参考用书。

**图书在版编目（CIP）数据**

供电企业生产技能人员标准化作业培训教材. 输变电/福建省电力有限公司组编. —北京：中国电力出版社，2012.12
ISBN 978-7-5123-3810-4

Ⅰ. ①供…　Ⅱ. ①福…　Ⅲ. ①供电－工业企业管理－标准化管理－中国－技术培训－教材　②输电－电力系统－技术培训－教材　③变电所－电力系统－技术培训－教材　Ⅳ. ①F426.61

中国版本图书馆 CIP 数据核字（2012）第 287838 号

中国电力出版社出版、发行
（北京市东城区北京站西街 19 号　100005　http://www.cepp.sgcc.com.cn）
北京九天众诚印刷有限公司印刷
各地新华书店经售

*

2013 年 1 月第一版　　2013 年 1 月北京第一次印刷
787 毫米×1092 毫米　16 开本　84 印张　1766 千字
全册定价 **232.00** 元

陈艺鑫　陈日坤　陈祥舒　陈朝晖　陈德兴

林　衡　林一泓　林志敏　林志强　林轶群

林海渊　欧世尧　欧永连　罗　松　罗　毅

金建宁　郑哲人　郑雄俊　郑黎斐　赵道阳

施　纬　施广宇　洪西卿　钱志立　翁晓锋

涂恩来　黄　亮　黄国敏　董　磊　傅智为

潘晨曦

# 前言

preface

为了更好地服务“五大”体系建设，提升生产技能人员良好的“职业化”行为习惯，建立与现场标准化作业生产环境一致的培训课程体系，福建省电力有限公司以现场标准化作业指导书为蓝本，组织开展生产技能标准化作业培训教材的编写工作。为确保教材的编写质量和进度，由总工程师李功新主抓此项工作，多次召集工作协调会，定期听取编写进度汇报；人力资源部负责教材编写的组织工作，运维检修部、科技信通部和调度控制中心负责教材编写的具体工作，福建省电力有限公司和基层单位技术专家组成教材编写与审定小组，公司培训中心负责教材编写框架和编写规范的制订、编写进度跟踪及其他协调工作。

本套教材集中了福建省电力有限公司众多专家学者的智慧，采用了全新的组织架构，突出了基于现场标准化作业的培训特色。本套教材分为配电专业、输变电专业和二次专业三本书，包括91项现场标准化作业项目（子分册），具有很强的针对性和实用性。各项目（子分册）分为两部分：第一部分介绍了各项目的工作流程、工作质量标准与控制、危险点分析与预控、管理与记录要求、作业案例等；第二部分罗列了标准化作业指导书等标准化作业文本，并结合第一部分的作业案例说明了标准化文本的填写规范。部分项目（子分册）还在附录部分对设备等内容进行了说明。

其中，配电专业分为架空线路、配电设备、计量装置及其他设备，由福建省电力有限公司运维检修部高级工程师姚亮担任编写组长，福州电业局、厦门电业局、莆田电业局、泉州电业局、漳州电业局、龙岩电业局、三明电业局、南平电业局、宁德电业局、福清电力公司、石狮电力公司、晋江电力公司、南安电力公司、长乐电力公司等单位的专家参与编写工作。输变电专业分为开关类、线圈类和架空线路及电缆，由福建省电力有限公司运维检修部高级工程师林平担任编写组长，福建省电力科学研究院、检修分公司、福州电业局、厦门电业局、莆田电业局、泉州电业局、漳州电业局、龙岩电业局、三明电业局等单位的专家参与编写工作。二次专业分为继电保护、综合自动化、直流系统和电力通信，由福建省电力有限公司调度控制中心高级工程师宋福海、科技信通部高级工程师连纪文担任编写组长，福建省电力科学研究院、检修分公司、信息通信分公司、福州电业局、厦门电业局、莆田电业局、泉州电业局、龙岩电业局、三明电业局、南平电业局等单位的专家参与编写工作。

本册由福建省电力有限公司运维检修部陈新担任编写组长，泉州电业局沈谢林、福建省电力科学研究院施广宇主要编写，泉州电业局杨志豪、李萌锋、福州电业局吴簪麟等人参与编写；福建省电力科学研究院施广宇主审，福建省电力科学研究院连鸿松、涂恩来、福建省电力检修公司吴达、厦门电业局刘志平、莆田电业局罗毅、泉州电业局王恒山、漳州电业局陈艺鑫、南平电业局杨建平、三明电业局李勇明等参审。

本教材在编写、审定过程中得到了福建省电力有限公司有关单位领导和专家的大力支持和帮助，在此一并感谢。同时，也感谢中国电力出版社的大力支持。

由于编者能力所限及编写时间仓促，难免存在疏漏之处，恳请各位专家和读者提出宝贵意见。

contents 目录

# 第一部分

# 标准化作业培训

## 1　作业描述

根据变压器例行检修标准化作业指导书内容，介绍变压器（含油浸式电抗器）例行检修的工作流程和质量要求。通过流程介绍和列表说明，掌握变压器例行检修所需的工器具、材料、工作流程、质量标准、作业中的危险点预控、管理要求等变压器例行检修的技能。

## 2　工作流程

变压器例行检修工作流程如图 1-1 所示。

## 3　工作质量标准与控制

### 3.1　引用标准

GB 1094.1—1996　《电力变压器　第 1 部分　总则》

GB 10230.1—2007　《分接开关　第 1 部分：性能要求和试验方法》

GB 10230.2—2007　《分接开关　第 2 部分：应用导则》

DL/T 573—2010　《电力变压器检修导则》

DL/T 574—2010　《变压器分接开关运行维修导则》

国家电网生技〔2005〕173 号 《110（66）kV～500kV 油浸式变压器（电抗器）检修规范》

### 3.2　质量控制

#### 3.2.1　引线拆除

拆除变压器高压、中压套管将军帽与引线连接板螺栓和螺母；拆除变压器低压侧引线与母线桥软连接的螺栓和螺母；拆除中性点套管与引线连接的螺栓和螺母。拆除时防止螺栓螺母打牙；引线应使用绝缘绳（带）绑好，一端系在引线套管上。

#### 3.2.2　本体及有载开关油位检查

对照油位指示表检查油位指示是否正常，油位刻度应与变压器本身配带的曲线表对应的刻度一致（正常的油位与顶层油温对应刻度偏差应在−5%～10%之间）。

#### 3.2.3　套管检查、清扫

检查高压侧油纸电容型套管油位及顶部密封情况；检查各侧套管外瓷套；套管末屏接地检查；套管表面清洁。套管油位指示正常并符合当时温度要求；套管的储油柜无渗漏油，套管顶部负压区（注油孔）的螺栓胶垫是否老化，套管顶部是否打防水胶；套管外表瓷裙无破裂、无脏污、无放电；套管电流互感器的二次接线盒密封是否良好，接线柱有无渗漏油。

#### 3.2.4　储油柜检查及排污

检查变压器本体及有载开关的储油柜：检查储油柜渗漏情况，特别是顶部负压区密封情况，储油柜密封圈（特别是顶部负压区）是否完好，是否打防水胶或包防雨布；主变压器储油柜油位刻度应与变压器本身配带的曲线表对应的刻度一致（正常的油位与顶层油温对应刻度偏差应在−5%～10%之间）。储油柜的呼吸管阀门应打开。通过专用排污阀对储油柜进行排

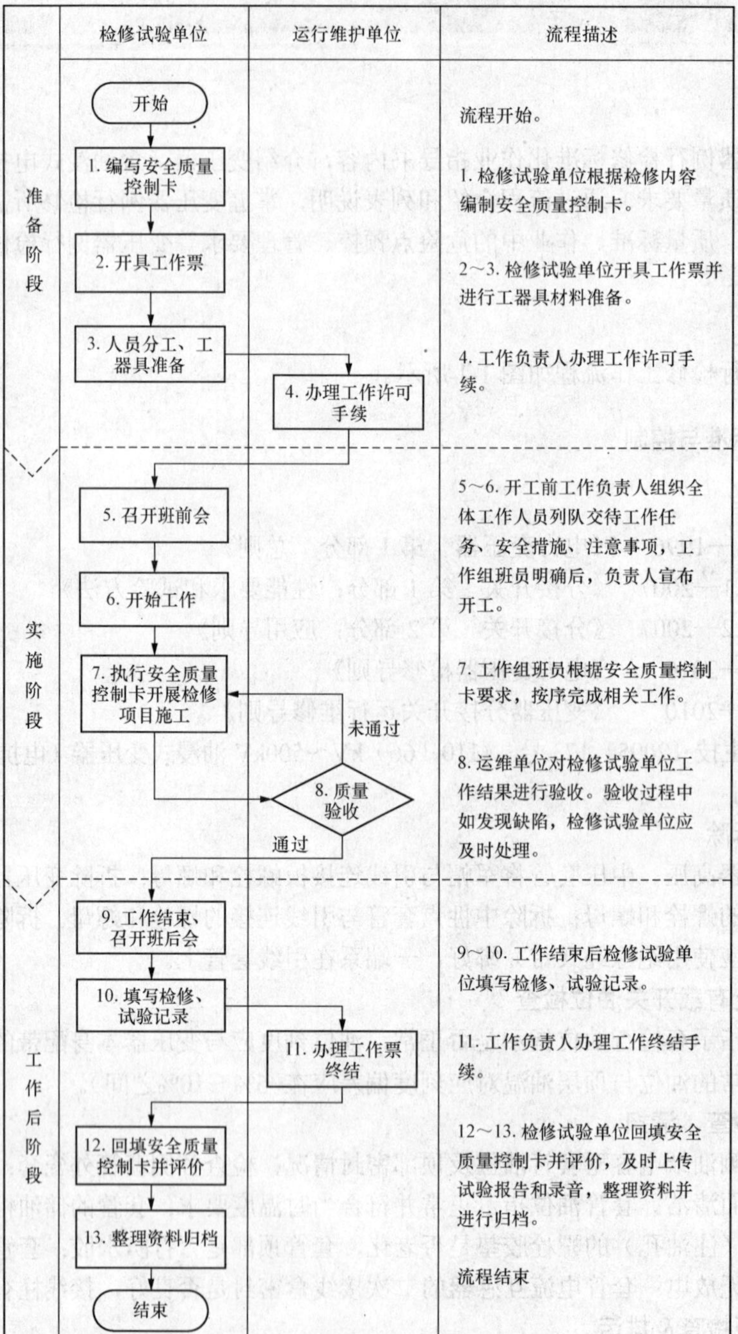


图 1-1　变压器例行检修工作流程图

污；未装设专用排污阀，可以使用储油柜的放油管实现排污功能。

### 3.2.5 压力释放阀检查

二次接线盒密封良好，无进水，引线无破损，试验探针动作正常，信号正常对应，绝缘电阻表测量线间和对地的绝缘电阻，要求大于1MΩ。

### 3.2.6 气体继电器检查

本体及有载气体继电器检查；气体继电器无渗漏油；防雨罩遮蔽位置达到 45°，电缆向下倾斜 30°以上；打开二次接线盒检查无渗漏油、进水、积灰和凝露，密封圈弹性良好，排水孔通畅，电缆进线封堵良好；接线柱和放气口无渗漏油，引线无破损，试验探针动作正常，信号正常对应，绝缘电阻表测量线间和对地的绝缘电阻，要求大于1MΩ。

### 3.2.7 有载开关及在线滤油装置检查

有载开关本体各部分密封良好，无渗漏油；开关挡位指示远方及就地应正确一致，转动应灵活，无卡涩；电动机构箱密封是否良好，有无进水、积灰；继电器接触良好，动作灵活，无误动、拒动和连动。

### 3.2.8 冷却系统检查

合上冷却器电源，听风扇电动机潜油泵转动，应轻快灵活，声音应和谐，转向应正确；断开冷却器电源，拆除风扇叶片防护罩，检查风扇叶片，应无松动、变形，加油孔无阻塞并加注润滑油；油流继电器指针应指示正确打到位不抖动，并用万用表测量其接点是否正确动作；检查散热片或散热管应无变形渗漏油；用压力清洗机冲洗散热片或散热管，水压力不得大于 0.1MPa；电动机构箱密封应良好，无进水、无灰尘；继电器接触良好，动作灵活，无误动。

### 3.2.9 渗漏油检查

检查本体所有密封件，密封应良好，无老化，无渗油。对渗油地方，如果是由于螺栓或螺母松动，应对其进行均匀紧固，压平密封圈，以防紧的过死，密封圈过度变形，加速老化。处理完用干净的布对渗油处进行擦净并用清洗剂对油迹进行处理。最后观察一段时间，应无渗漏。

### 3.2.10 接地点检查

检查各接地点，焊接应牢固，接地线无非正常触及主变压器本体点，必要时要重新刷漆；铁芯接地套管和在线装置检查，接地套管瓷片应无破损、无放电痕迹、无脏污、无渗油，在线装置引线无破损。

### 3.2.11 整体密封检查

在储油柜顶部施加压力，110kV 变压器为 0.03MPa，试验持续时间 24h；220kV 及以上变压器为 0.05MPa，试验持续时间 24h。

### 3.2.12 热工仪表

表面指针清晰，指针灵活，历史最高温度指示正常；表计无进水、积灰，电缆进线封堵良好；接线柱、引线无破损，动作接点正常，信号正常对应，绝缘电阻表测量线间和对地的绝缘电阻，要求大于1MΩ。

### 3.2.13 端子箱（接线盒）检查

端子箱（接线盒）进水、积灰和凝露，箱门密封条密封正常，驱潮装置运行正常。

### 3.2.14 恢复引线

修整接触面，应保证设备接线端子的接触表面应平整、清洁、无氧化膜，并涂以薄层电力复合脂（导电膏）；镀银部分不得锉磨：使用细锉锉去的毛刺，用砂纸将接触面研磨平整（镀银层除外），然后用去油剂除去表面油污，用细钢丝刷除去表面氧化膜，再用干净的棉纱蘸无水乙醇将接触面擦拭干净，等表面干燥以后，先预涂 0.05～0.1mm 厚的电力复合脂（导电膏），抹平，刚能覆盖接触面为宜，并用铜丝刷轻轻擦拭，然后除去膜层，擦拭表面、重新涂敷 0.1mm 厚的导电膏，最后将接触面叠合。紧固螺栓，紧固过程应对角、按力矩逐级进行紧固。更换对接式熔焊铜铝过度线夹。对有必要的套管连接部分加防发热的铜箔。

### 3.2.15 外壳清扫、补漆

对本体外壳掉漆、生锈、变色进行除锈清理后补漆。

## 4 安全风险分析与预控

### 4.1 危险点 1：高空坠落

变压器一次设备引线拆、装过程中，造成高空坠落；变压器顶盖工作面湿滑造成坠落。

**防范措施**

（1）变压器一次设备引线拆、装应使用高空作业车或搭脚手架。

（2）正确使用安全带（绳），严禁低挂高用或系挂在不牢固的构件上。

（3）高度超过 1.5m 处作业，应使用安全带。110kV 及以上的主变压器上等高处作业（带电作业除外），必须使用双控安全带。

（4）穿耐油工作鞋，登高前清理鞋底油污；清除变压器顶盖油污；在霜冻、雨雪后进行高处工作，应采取防滑措施。

### 4.2 危险点 2：人身触电

检修时，以下情况可能造成人身触电：

（1）误入带电间隔。

（2）工作人员或工器具与带电部位安全距离不够，易引起放电。

（3）感应电，易引起人身伤害意外事故。

（4）低压交、直流电源倒送造成触电。

（5）现场使用吊车、高空作业车操作不规范造成触电。

（6）忽视对特种作业人员（如电焊工、吊车司机）、外协工作人员、临时工的安全交底及监护，造成触电。

**防范措施**

（1）确认现场安全措施与工作票上所列安全措施一致。

（2）进入检修现场、攀登设备前，须核对设备的双重名称、编号。

（3）防止感应电，在设备导电部位的工作应使用临时个人保安线。工作人员或工器具随时与带电部位保持足够的安全距离；工作必须由二人以上进行，其中一人担任监护。

（4）断开冷却系统的电源，并在刀闸或空开操作把手上挂“禁止合闸，有人工作”标示牌；取下熔断器，确认无电压后，方可开始工作。

（5）现场使用吊车、高空作业车应设专人指挥、专人监护；吊车、斗臂车分臂、伸臂、转向时应与母线、变电站内设备保持足够的安全距离；带电设备区域内使用斗臂车时，车身应使用不小于 16mm$^2$ 的软铜线可靠接地。

（6）工作负责人应认真对特种作业人员、外协工作人员、临时工认真进行安全交底、危险点告知和安全知识教育；外协工作人员、临时工确认被告知内容后应履行交底签名手续，方可参加工作。

### 4.3 危险点3：机械伤害

修理变压器风扇电动机和分接开关的检查和操作试验传动轴转动时机械伤害。

**防范措施**

（1）修理中的风扇应做好防止转动的安全措施，切断风扇电动机电源，挂上安全警示牌。

（2）检修工作负责人在工作前，必须对上述安全措施进行检查，确认无误后，方可开始工作。

（3）在检修调试或运转时，现场人员不得靠近风扇。

（4）做有载分接开关操作试验时，人员不得靠近传动轴。

### 4.4 危险点4：物品上下抛掷，易伤人或砸坏设备

**防范措施**

（1）物品应用绳子传递，禁止抛掷。

（2）工器具应系好保险绳或做好其他防坠落的可靠措施。

### 4.5 危险点5：工作现场搬运梯子等长物易发生人身触电事故，架梯不当滑落易造成人身伤害

**防范措施**

（1）工作现场搬运梯子等长物应两人放倒搬运。

（2）架梯应与地面不大于60°，并有人扶持。

## 5 管理与记录要求

（1）召开班后会。

（2）将班前会和班后会录音上传，并做好记录。

（3）编写检修试验报告并上传。

## 6 作业案例

××变电站××主变压器例行检修。

### 6.1 作业前准备

（1）工器具、材料准备（见第二部分）。

（2）开具变电站第一种工作票及安全质量控制卡（见第二部分）。

（3）到达现场后，经工作许可后开始工作。

### 6.2 作业中控制

（1）拆除变压器各侧套管将军帽与引线连接板或者引线与母线桥软连接的螺栓和螺母，拆除各侧中性点套管与引线连接的螺栓和螺母，如图1-2所示。

（2）检查各侧套管油位；各侧套管末屏接地小瓷套检查；套管表面清洁；套管电流互感器的二次接线检查，如图1-3所示。

（3）检查储油柜的密封性和油位，检查有无假油位现象，包括变压器本体及有载开关的储油柜；排放储油柜集污槽中沉积物；检查呼吸器的情况，如图1-4所示。

（4）压力释放阀二次接线盒检查，如图1-5所示。

图 1-2 引线拆除

图 1-3 套管检查

图 1-4 储油柜检查

图 1-5 压力释放阀检查

（5）本体及有载气体继电器检查，如图 1-6 所示。

（6）有载开关本体及操作机构检查；操作机构二次回路的检查清扫，如图 1-7 所示。

（7）冷却器风扇电动机、潜油泵及油流继电器检查；冷却器散热片清扫；冷却系统控制回路的检查清扫，如图 1-8 所示。

图 1-6 气体继电器或油流继电器检查

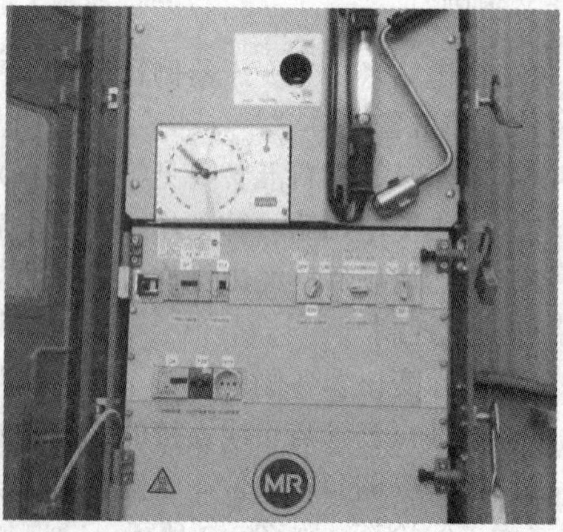

图 1-7 有载开关本体及操作机构检查

（8）变压器本体各螺栓或螺母处及各阀门处，如图 1-9 所示。

图 1-8　冷却器检查

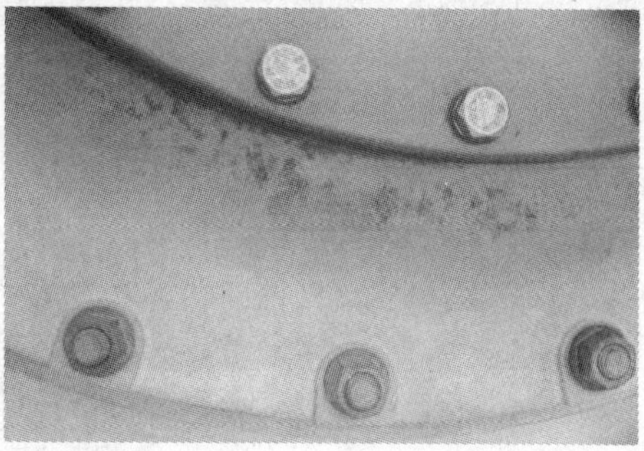

图 1-9　密封检查

（9）变压器本体接地点检查，如图 1-10 所示。

（10）恢复变压器各侧套管将军帽与引线连接板、引线与母线桥软连接以及中性点套管与引线的连接。

图 1-10　接地点检查

（11）主变压器本体外壳清扫、补漆及套管上相色漆。

（12）工器具清点，现场清理。

（13）填写检修记录，工作票终结。

### 6.3　作业后小结

（1）召开班后会。

（2）上传检修报告和录音。

（3）工作票、安全质量控制卡归档。

## 思考与练习

1．变压器例行检修过程的危险点有哪些？

2．变压器例行检修需要检查的部件有哪些？

# 第二部分 标准化作业文本

## 1 标准化作业指导书

### 变压器（强油循环有载）例行检修作业指导书

编写：____________________ _____年___月___日

审核：____________________ _____年___月___日

批准：____________________ _____年___月___日

工作负责人：

作业日期：　　年　　月　　日　　时至　　年　　月　　日　　时

××××公司

## 1 范围

本指导书适用于220kV风冷及强迫油循环风冷方式变压器的例行检修现场作业。

## 2 引用文件

GB 1094.1—1996 《电力变压器 第1部分 总则》
GB 10230.1—2007 《分接开关 第1部分：性能要求和试验方法》
GB 10230.2—2007 《分接开关 第2部分：应用导则》
DL/T 573—2010 《电力变压器检修导则》
DL/T 574—2010 《变压器分接开关运行维修导则》
国家电网生技〔2005〕173号 110（66）kV～500kV油浸式变压器（电抗器）检修规范

## 3 准备工作

### 3.1 准备工作安排

| √ | 序号 | 内 容 | 标 准 | 责任人 | 备 注 |
|---|---|---|---|---|---|
| | 1 | 开工前3天，准备好施工所需仪器仪表、工器具、相关材料、相关图纸及相关技术资料 | 仪器仪表、工器具应试验合格，满足本次施工的要求，材料应齐全，图纸及资料应符合现场实际情况 | | |
| | 2 | 根据本次作业内容和性质确定好检修人员，并组织学习本指导书 | 要求所有工作人员都明确本次工作的作业内容、进度要求、作业标准及安全注意事项 | | |
| | 3 | 填写第一种工作票，在开工前一天交值班员 | 工作票应填写正确，并按《电业安全工作规程》执行 | | |

### 3.2 人员要求

| √ | 序号 | 内 容 | 责任人 | 备 注 |
|---|---|---|---|---|
| | 1 | 现场工作人员的身体状况、精神状态良好 | | |
| | 2 | 作业辅助人员（外来）必须经负责施教的人员，对其进行安全措施、作业范围、安全注意事项等方面施教后方可参加工作 | | |
| | 3 | 特殊工种（高空作业车）必须持有效证件上岗 | | |
| | 4 | 所有作业人员必须具备必要的电气知识，基本掌握本专业作业技能及《电业安全工作规程》的相关知识，并经《电业安全工作规程》考试合格 | | |
| | 5 | 作业负责人必须经单位安监批准 | | |

### 3.3 备品备件

| √ | 序号 | 名 称 | 规 格 | 单位 | 数量 | 备 注 |
|---|---|---|---|---|---|---|
| | | | | | | |
| | | | | | | |
| | | | | | | |

## 3.4 材料和工器具

| √ | 序号 | 名　称 | 规　格 | 单位 | 数量 | 备　注 |
|---|---|---|---|---|---|---|
| | 1 | 梅花扳手 | 8～32 | 套 | 1 | |
| | 2 | 呆扳手 | 8～32 | 套 | 1 | |
| | 3 | 活动扳手 | 8″、10″、12″、15″ | 把 | 4 | 各1 |
| | 4 | 力矩扳手 | 0～150N·m | 套 | 1 | |
| | 5 | 老虎钳 | 8″ | 把 | 1 | |
| | 6 | 尖嘴钳 | 6″ | 把 | 1 | |
| | 7 | 十字螺丝刀 | 4″～6″ | 把 | 2 | 各1 |
| | 8 | 一字螺丝刀 | 3″、4″、6″ | 把 | 3 | 各1 |
| | 9 | 榔头 | 1P、1/2P | 只 | 1 | |
| | 10 | 木榔头 | 大、中各1 | 把 | 2 | |
| | 11 | 套筒扳手 | 8～32 | 套 | 1 | |
| | 12 | 管子钳 | 16″ | 把 | 1 | |
| | 13 | 锉刀 | 12″半圆、圆 | 把 | 2 | 各1 |
| | 14 | 拉马 | 三脚 | 副 | 1 | |
| | 15 | 油盘 | 自制 | 只 | 1 | |
| | 16 | 双控双保险安全带 | DW2Y | 副 | 10 | |
| | 17 | 竹梯 | 17、19挡 | 把 | 2 | 各一 |
| | 18 | 高压水枪 | QL-270 | 台 | 1 | |
| | 19 | 墙纸刀 | — | 把 | 1 | |
| | 20 | 电源接线盘 | 三相 | 只 | 2 | 带漏电保安器 |
| | 21 | 万用表 | | 台 | 1 | |
| | 22 | 高空作业车 | 17m | 辆 | 1 | |
| | 23 | 梅花扳手、呆扳手 | 17/19 | 副 | 3 | |
| | 24 | 白布 | — | 条 | 10 | 纯棉 |
| | 25 | 铁砂纸 | 1号 | 张 | 2 | |
| | 26 | 绝缘胶带 | — | 圈 | 1 | |
| | 27 | 绝缘胶带 | | 圈 | 1 | |
| | 28 | 变色硅胶 | — | kg | 15 | |
| | 29 | 棉纱头 | — | kg | 15 | |
| | 30 | 白纱带 | — | 圈 | 1 | |
| | 31 | 自粘胶带 | J20 | 圈 | 1 | |
| | 32 | 导电膏 | 1kg | 包 | 1 | |
| | 33 | 无水乙醇 | 分析醇 | 瓶 | 1 | |
| | 34 | 铁丝 | 22号 | kg | 0.5 | |

表（续）

| √ | 序号 | 名　　称 | 规　　格 | 单位 | 数量 | 备　　注 |
|---|---|---|---|---|---|---|
| | 35 | 油漆 | 醇酸漆 | kg | 4 | 黄、绿、红、天兰各1kg |
| | 36 | 漆刷帚 | 2″ | 把 | 5 | |
| | 37 | 防锈漆 | — | kg | 1 | |
| | 38 | 除锈剂 | — | 瓶 | 2 | |
| | 39 | 漆刷帚 | 2″ | 把 | 5 | |
| | 40 | 防锈漆 | — | kg | 1 | |

## 3.5　危险点分析

| √ | 序号 | 内　　容 |
|---|---|---|
| | 1 | 未正确使用个人防误用具、工器具及设备 |
| | 2 | 高空作业绝缘车在升降时与相邻设备带电距离过近，引起事故 |
| | 3 | 高空作业（瓷套外观及搭头检查）时，未使用安全绳在强感应电时发生高空坠落，或工器具易高空坠落 |
| | 4 | 检修电源设备损坏、接线不规范、单人工作易接错线或引起低压触电 |
| | 5 | 主变压器高压试验时，人员未撤离发生人身事故 |
| | 6 | 启动冷却系统时人员在风扇上发生事故 |
| | 7 | 工作结束后未将安全措施恢复至初始状态 |

## 3.6　安全措施

| √ | 序号 | 内　　容 |
|---|---|---|
| | 1 | 作业人员正确、合理使用安全帽、安全绳、工作服；工作前必须确认所使用的设备及工器具的完好性，才可进行使用 |
| | 2 | 规范使用安全施工作业票，高空作业车操作前与驾驶员、操作人员交待临近带电部位，必要时设立专职监护人员 |
| | 3 | 车斗内人员正确使用安全绳，工具器应使用专用工具器袋 |
| | 4 | 检修电源接线时，必须确认电源线的极性及所需使用的电压，二人进行搭接，同时必须使用带剩余电流动作保护装置的电源盘 |
| | 5 | 启动冷却系统前，应通知全体工作人员，并在启动前大声呼唱 |
| | 6 | 主变压器高压试验时，与试验无关人员全部撤离 |
| | 7 | 工作结束后，检查现场安全措施与工作票所载内容是否有变动，临时接地（保安）线是否已拆除，检修设备上是否有遗留物 |
| | 8 | 主变压器上部作业时，注意防滑，储油柜顶部工作，规范使用保险带，穿防滑绝缘鞋 |

## 3.7　人员分工

| √ | 序号 | 作　业　项　目 | 负　责　人 |
|---|---|---|---|
| | 1 | 主变压器、有载开关检修 | |
| | 2 | 冷却系统检修 | |

表（续）

| √ | 序号 | 作业项目 | 负责人 |
|---|---|---|---|
| | 3 | 主变压器高压试验 | |
| | 4 | 安全监护 | |
| | 5 | 材料、资料及工器具管理 | |
| | 6 | 高空作业车操作 | |

# 4 作业程序及作业标准部分

## 4.1 开工

| √ | 序号 | 内容 | 到位人员签字 |
|---|---|---|---|
| | 1 | 工作票负责人按局、工区有关规定办理好工作票许可手续，完成三级交底工作 | |
| | 2 | 本专业负责人对本班工作人员进行明确分工，并在开工前检查确认所有工作人员正确使用劳保用品 | |
| | 3 | 在本专业负责人带领下进入作业现场，并在工作现场向所有工作人员详细交待作业任务、安全措施和安全注意事项，全体工作人员应明确作业范围、进度要求等内容，并在到位人员签字栏上分别签名 | |
| | 4 | 如有辅助人员（外来）配合施工，必须制定专责施教人，同时专责施教人对辅助人员（外来）按工区规定进行施教，施教内容包括：作业范围、安全措施、安全注意事项等 | |

## 4.2 检修电源的使用

| √ | 序号 | 内容 | 标准 | 责任人签字 |
|---|---|---|---|---|
| | 1 | 检修电源接取位置 | 从检修电源箱相应试验电源接取 | |
| | 2 | 检修电源的配置 | 电源必须经剩余电流动作保护装置 | |
| | 3 | 接取电源时注意事项 | 必须由专业人员接取，接取时严禁单人操作；<br>接取电源前应先验电，用万用表确认电源电压等级和电源类型无误后，从空气断路器下桩头接取；<br>使用 2.5mm² 及以上，且电源线外绝缘无破损、老化迹象电源线 | |

## 4.3 变压器检修内容和工艺标准

| 检修项目各项目完成情况——责任人签字确认（以单项序号为一大项进行确认） | | | | | | | |
|---|---|---|---|---|---|---|---|
| 序号 1 | | 序号 5 | | 序号 9 | | 序号 13 | |
| 序号 2 | | 序号 6 | | 序号 10 | | 序号 14 | |
| 序号 3 | | 序号 7 | | 序号 11 | | 序号 15 | |
| 序号 4 | | 序号 8 | | 序号 12 | | 序号 16 | |

表（续）

| √ | 序号 | 检修内容 | 工艺标准 | 安全措施及注意事项 |
|---|---|---|---|---|
| | 1 | 开工前的准备工作 | | |
| | 1.1 | 检查并确定冷却器电源开关 | 检查冷却器电源开关确定在断开位置 | |
| | 1.2 | 1．引线拆除。<br>2．拆除变压器 220、110kV 套管将军帽与引线连接板螺栓和螺母。<br>3．拆除变压器 10（35）kV 引线与母线桥软连接的螺栓和螺母。<br>4．拆除 220kV 及 110kV 中性点套管与引线连接的螺栓和螺母<br>5. 铜钻过渡（熔接）更换为铜铝复合片与铝线来配合使用 | 1．套管线夹及导线线夹无开裂发热迹象。<br>2．防止螺栓或螺母滑牙。<br>3．引线应用绝缘绳（带）绑好，一端系在引线套管上 | 1. 注意高架车回转时与相邻带电设备的安全距离，220kV≥6m。<br>2．高空坠落：高空作业应使用安全带。<br>3. 冷控系统应断开其工作电源并在控制箱门上挂“禁止合闸，有人工作”标示牌，还应取下分控箱内的控制熔丝；能锁的控制柜门还应上锁 |
| | 2 | 油箱及全部阀门塞子检修 | 检查本体所有密封件，密封应良好，无老化，无渗油。对渗油地方，如果是由于螺栓或螺母松动，应对其进行均匀紧固，压平密封圈，以防紧的过死，密封圈过度变形，加速老化。处理完用干净的布对渗油处进行擦净并用清洗剂对油迹进行处理。最后观察一段时间，应无渗漏 | |
| | 2.1 | 检查各阀门接头密封 | 无渗漏，密封可靠 | |
| | 2.2 | 检查各放气、放油塞子 | 密封圈无开裂，无渗漏 | |
| | 2.3 | 检查油箱有否渗漏 | 1．整体密封可靠，无渗漏。<br>2．整体密封检查。<br>3. 在储油柜顶部施加压力，220kV 及以上变压器为 0.05MPa，试验持续时间 24h | |
| | 3 | 套管检查、清扫 | | |
| | 3.1 | 检查高压侧油纸电容型套管油位及顶部密封情况 | 1．油位指示正常并符合当时温度要求。<br>2．套管的储油柜无渗漏油，套管顶部注油孔的螺栓胶垫无老化，高压侧套管顶部宜打防水胶 | |
| | 3.2 | 套管表面清洁 | 套管瓷套（硅橡胶）清洁，无明显积灰 | 高空坠落：高空作业应使用安全带 |
| | 3.3 | 检查各侧套管外瓷套 | 套管外表伞群无破裂、无脏污、无放电，存在裂缝（无论大小）；釉面色彩不一，达到 $20cm^2$、釉面缺损单块面积达 1 $cm^2$；面积小于 1 $cm^2$，块数达 3 块及以上；釉面存在不均匀的突起物，单块面积达 1 $cm^2$，或存在砂粒超过 10 粒（距胶法兰 5cm 以上）；水泥胶装不实、形成间隙；法兰偏心；胶合部位堆砂、缺砂及胶装比偏低等缺陷；胶装面应采取防水措施 | 注意高架车与套管保持定距离，必要时将套管用麻布等包扎，防止套管损坏 |

表（续）

| √ | 序号 | 检修内容 | 工艺标准 | 安全措施及注意事项 |
|---|---|---|---|---|
| | 3.3 | 检查各侧套管外瓷套 | 1．瓷套为无伞裙光瓷套（瓶）（爬距不足）须立即上报。<br>2．检查瓷套有无裂纹破损，轻微损伤可用环氧树脂粘补。<br>3．硅橡胶套管无鼓凸、龟裂、变色和脱胶，伞裙弹性良好，翻边不能有龟裂 | |
| | 3.4 | 套管末屏接地小瓷套（封盖）检查 | 末屏接地可靠接地良好，瓷套清洁（封盖密封良好）、无渗漏 | |
| | 4 | 套管电流互感器检查 | 套管电流互感器的二次接线盒密封是否良好，接线柱有无渗漏油 | |
| | 5 | 储油柜油位及油位计检查 | | |
| | 5.1 | 检查本体及有载开关油位 | 按温度曲线查对油位计、指示正常，对照油位指示表检查油位指示是否正常，油位刻度应与变压器本身配带的曲线表对应的刻度一致（正常的油位与顶层油温对应刻度偏差应在-5%～10%之间） | |
| | 5.2 | 检查储油柜及连管、油位计密封情况 | 密封良好无渗漏油及油位计进水痕迹。储油柜的呼吸口阀门应打开。储油柜顶部密封圈（负压区）是否完好，应打防水胶或包防雨布 | |
| | 5.3 | 检查储油柜油位计信号回路 | 高、低油位发信正确 | |
| | 5.4 | 排污正常 | 通过专用排污阀对储油柜进行排污；未装设专用排污阀，可以使用储油柜的放油管实现排污功能 | |
| | 6 | 呼吸器检修 | | |
| | 6.1 | 呼吸器从变压器上卸下，倒出内部吸附剂，检查玻璃罩，清洁内部，密封垫进行更换 | 吸附剂变色 2/3 以上即应进行更换，玻璃罩清洁完好，密封良好 | |
| | 6.2 | 把干燥吸附剂装入呼吸器，离顶盖留下 1/5 高度空隙 | 更换为新吸附剂 WG-3 | |
| | 6.3 | 下部油封罩内注入清洁变压器油，并将罩拧紧 | 加油至正常油位线能起到呼吸作用 | |
| | 7 | 有载分接开关、操作机构、在线滤油装置检查及手动滤油 | | |
| | 7.1 | 有载分接开关、操作机构、在线滤油装置检查及手动滤油 | 有载开关本体各部分密封良好，无渗漏油；开关挡位指示远方及就地应正确一致，转动应灵活，无卡涩；电动机构箱密封是否良好，有无进水、计灰；继电器接触良好，动作灵活，无误动、拒动和连动 | 对分接开关挡位记录，检修完毕恢复到原挡位 |

表（续）

| √ | 序号 | 检修内容 | 工艺标准 | 安全措施及注意事项 |
|---|---|---|---|---|
| | 7.2 | 有载分接开关头盖及各连接管道检查 | 密封良好，无渗漏油 | |
| | 7.3 | 有载分接开关操作机构检查 | 箱盖密封良好，无进水现象、驱潮装置正常工作，操作开关来回二次，无滑挡现象；电气限位及机械限位应能正确动作；各接触器、行程开关动作、返回正常，无卡涩；动作次数计数器应动作正确；本体挡位指示与机构箱指示及远传指示相符 | |
| | 7.4 | 有载分接开关检查及换油 | 开关管道无渗油，打开管道阀门进行绝缘油更换，并测试油耐压值≥40kV，换后关闭阀门；换油后对出油管进行排气；切换开关动作波形测试应正常，无开断现象 | |
| | 7.5 | 有载分接开关气体继电器或油流继电器检查 | 绝缘良好，不渗油，发信正确 | |
| | 7.6 | 有载调压开关在线滤油机 | 各管头连接良好，无渗漏；查滤油机工作模式联动或定时；检查滤油机出口压力报警值；整定滤油机风扇与加热器的启动值 | |
| | 8 | 压力释放阀检查 | | |
| | 8.1 | 检查压力释放阀密封情况 | 密封良好，无渗油痕迹<br>二次接线盒密封良好，无进水，引线（电缆）无破损 | |
| | 8.2 | 检查压力释放阀信号回路 | 信号回路良好，试验探针动作正常，信号正常对应，绝缘电阻表测量线间和对地的绝缘电阻，要求>1MΩ | |
| | 9 | 气体继电器或油流继电器检查（含压力突变继电器和集气盒） | | |
| | 9.1 | 检查气体继电器或油流继电器密封情况 | 密封良好，无渗油痕迹，防雨罩遮蔽位置达到45°，电缆向下倾斜30°以上，具有滴水弯；打开二次接线盒检查无渗漏油、进水、积灰和凝露，密封圈弹性良好，排水孔通畅，电缆进线封堵良好；接线柱和放气口无渗漏油，引线无破损 | |
| | 9.2 | 检查气体继电器或油流继电器信号回路 | 试验探针动作正常，信号正常对应，绝缘电阻表测量线间和对地的绝缘电阻，要求大于1MΩ | |
| | 9.3 | 检查气体继电器或油流继电器跳闸回路 | 试验探针动作正常，信号正常对应，绝缘电阻表测量线间和对地的绝缘电阻，要求大于1MΩ | |
| | 9.4 | 检查气体继电器或油流继电器取气装置 | 阀门关闭，无渗油 | |

表（续）

| √ | 序号 | 检修内容 | 工艺标准 | 安全措施及注意事项 |
|---|---|---|---|---|
| | 10 | 测温装置检查 | | |
| | 10.1 | 检查温度计、温控器指示是否正确 | 1．表面指针清晰，指针灵活，历史最高温度指示正常；表计无进水、积灰，电缆进线封堵良好。<br>2．温包完全浸入油中，毛细管转弯半径 75mm 以上环圆状。每隔 300mm 应对护套毛细管做适当的固定 | |
| | 10.2 | 检查温度计、温控器信号回路 | 接线柱、引线无破损，动作接点正常，信号正常对应，绝缘电阻表测量线间和对地的绝缘电阻，要求大于 1MΩ | |
| | 11 | 端子箱、汇控箱（冷却器总控箱）检查 | | |
| | 11.1 | 箱内设备内部清扫 | 清洁、无明显积灰、内部清扫 | 防止误碰带电二次接线，造成低压触电或直流短路、接地 |
| | 11.2 | 箱体防护等级检查 | 端子箱（接线盒）进水、积灰和凝露，箱门密封条密封正常，驱潮装置运行正常 | |
| | 11.3 | 对总控箱内各接线端子连接线、接线螺栓和螺母进行检查 | 连接导线无发热、烧焦、接线端子无松动 | |
| | 11.4 | 冷却器总控箱 | 双电源切换灵活可靠，电动机构箱密封应良好，无进水、无灰尘；继电器接触良好，动作灵活，无误动 | |
| | 12 | 接地系统检查 | 一、二次接地无锈蚀，油漆色标正确清晰 | |
| | 12.1 | 接地短接检查 | 检查各元件间与接地网一、二次接地点，连接应牢固，接地线无非正常触及主变压器本体点，必要时要重新刷漆 | |
| | 12.2 | 铁芯夹件引出检查 | 1．铁芯接地套管和在线装置检查，接地套管瓷片应无破损、无放电痕迹、无脏污、无渗油，在线装置引线无破损。<br>2．铁芯多点接地在线监测系统串联接入电阻正常 | |
| | 13 | 风扇、油泵（油流继电器）检查 | | 通知全体工作人员，启动前大声呼唱 |
| | 13.1 | 检查风扇叶轮与导风洞间隙 | 合上冷却器电源，听风扇电动机潜油泵转动，应轻快灵活，声音应和谐，转向应正确；应无相互摩擦。<br>断开冷却器电源，拆除风扇叶片防护罩，检查风扇叶片，应无松动、变形，加油孔无阻塞并加注润滑油；油流继电器指针应指示正确，打到位不抖动，并用万用表测量其接点是否正确动作 | |

表（续）

| √ | 序号 | 检修内容 | 工艺标准 | 安全措施及注意事项 |
|---|---|---|---|---|
| | 13.2 | 检查风扇电动机绝缘 | 绝缘电阻≥0.5MΩ | |
| | 13.3 | 检查风扇电动机运转情况 | 运转平稳无杂音 | |
| | 13.4 | 检查油泵密封情况 | 密封良好无渗油 | |
| | 13.5 | 检查油泵出口油流继电器指示，开动油泵进行试验 | 油泵开动油流继电器应指向运转区域，指针无抖动，信号远传正常 | |
| | 13.6 | 检查油泵运转情况 | 应运转平稳无杂音 | |
| | 13.7 | 检查油泵电动机绝缘 | 绝缘电阻应≥0.5MΩ | |
| | 13.8 | 冷却器（散热片或散热管）检修 | 检查散热片或散热管应无变形渗漏油。<br>冷却器管束间洁净无积灰、虫、草等杂物。<br>清扫冷却器表面，用高压水喷枪或0.1MPa 压缩空气对冷却器管束进行清扫 | |
| | 14 | 对油箱进行补漆 | 补上油漆与本体相同 | |
| | 15 | 试验确认 | 油化及电气试验均合格 | |
| | 16 | 主变压器各侧接头恢复 | | 注意高架车回转时与相邻带电设备的安全距离：<br>220kV≥6m，500kV≥8m；<br>防止损伤套管 |
| | 16.1 | 主变压器套管接线板及线夹，表面应用无水乙醇清洗干净，不要用铁砂纸砂，涂上电力脂 | 检查接线板（特别是铜铝线夹）、更换开裂线夹及接线板。<br>修整接触面，应保证设备接线端子的接触表面应平整、清洁、无氧化膜，并涂以薄层电力复合脂（导电膏）；镀银部分不得锉磨：使用细锉锉去毛刺，用砂纸将接触面研磨平整（镀银层除外），然后用去油剂除去表面上的油污，用细钢丝刷除去表面氧化膜，再用干净的棉纱蘸无水乙醇将接触面擦拭干净，等表面干燥以后，先预涂 0.05～0.1mm 厚的电力复合脂（导电膏），抹平，刚能覆盖接触面为宜，并用铜丝刷轻轻擦拭，然后除去膜层，擦拭表面、重新涂敷 0.1mm 厚的导电膏，最后将接触面叠合 | |
| | 16.2 | 套管连接应可靠，弹垫应压平 | 无滑牙现象。<br>紧固螺栓，紧固过程应对角、按力矩逐级进行紧固。更换对接式熔焊铜铝过度线夹。对有必要的套管连接部分加防发热的铜箔 | |
| | 17 | 工作班组自验收 | | |
| | 17.1 | 对已检修过设备进行自验收 | 凡动过的每道工序从头至尾自验收一遍，严把质量关，并将检修设备（风扇电源、分接开关位置等）恢复至工作许可时状态 | |
| | 17.2 | 检查现场安全措施 | 要求临时保安线均已拆除，现场安全措施与工作票相符 | |

表（续）

| √ | 序号 | 检修内容 | 工艺标准 | 安全措施及注意事项 |
|---|---|---|---|---|
|  | 17.3 | 检查检修设备上是否有遗留物 | 无任何遗留物 |  |
|  | 17.4 | 自验收工作结束，任务单回交 | 任务单回交给工作负责人 |  |

## 5 竣工

| √ | 序号 | 内容 | 责任人员签字 |
|---|---|---|---|
|  | 1 | 清理工作现场，将工器具全部收拢并清点，废弃物按相关规定处理，材料及备品备件回收清点 |  |
|  | 2 | 按相关规定，关闭检修电源 |  |
|  | 3 | 做好检修记录，记录本次检修内容，反措或技改情况，有无遗留问题 |  |
|  | 4 | 会同验收人员验收对各项检修、试验项目进行验收 |  |
|  | 5 | 会同验收人员对现场安全措施及检修设备的状态进行检查，要求恢复至工作许可时状态 |  |
|  | 6 | 经全部验收合格，做好检修记录后，办理工作票结束手续 |  |

## 6 验收记录

<table>
<tr><td rowspan="2">自验收记录</td><td>记录改进和更换的零部件</td><td></td></tr>
<tr><td>存在问题及处理意见</td><td></td></tr>
<tr><td rowspan="4">验收单位意见</td><td>检修班组自评价及签字</td><td></td></tr>
<tr><td>检修部门验收意见及签字</td><td></td></tr>
<tr><td>运行单位验收意见及签字</td><td></td></tr>
<tr><td>生技部验收意见及签字</td><td></td></tr>
</table>

## 7 作业指导书执行情况评估

<table>
<tr><td rowspan="4">评估内容</td><td rowspan="2">符合性</td><td>优</td><td></td><td>可操作项</td><td></td></tr>
<tr><td>良</td><td></td><td>不可操作项</td><td></td></tr>
<tr><td rowspan="2">可操作性</td><td>优</td><td></td><td>建议修改项</td><td></td></tr>
<tr><td>良</td><td></td><td>遗漏项</td><td></td></tr>
<tr><td>存在问题</td><td colspan="5"></td></tr>
<tr><td>改进意见</td><td colspan="5"></td></tr>
</table>

## 2 安全质量控制卡

编号：×××××××

班组作业安全质量控制卡

作业名称：××班×××kV××变电站××主变压器单元例行检修

工作负责人编写：________审核：________批准：________

作业性质：________计划时间：  年  月  日  时  分至  年  月  日  时  分

### 1 作业前

#### 1.1 作业前内业准备

| 序号 | 名称 | 规格 | 单位 | 数量 | 确认 |
|---|---|---|---|---|---|
| 1. 现场勘察<br>* 确认栏内需签字确认 | | 勾选：☐已勘察 ☐无需勘察 | | | |
| 2. 工器具 | | | | | |
| 2.1 | 标准工器具 | 详见作业物品表 1.1.1 | 套 | 1 | |
| 2.2 | 仪器 | 详见作业物品表 1.1.2 | 套 | 1 | |
| 2.3 | 作业车辆 | 详见作业物品表 1.1.3 | 套 | 1 | |
| 2.4 | 梯类 | 详见作业物品表 1.1.4 | 套 | 1 | |
| 2.5 | 其他 | 详见作业物品表 1.1.5 | 套 | 1 | |
| 3. 材料 | | | | | |
| 3.1 | 材料 | 详见作业物品表 1.2 | 套 | 1 | |
| 4. 防护用品 | | | | | |
| 4.1 | 安全带 | 双控 2m | 条 | 5 | |
| 5. 作业文件 | | | | | |
| 5.1 | 工作票编号 | | | | |
| 6. 其他（录音笔、红马甲） | | | | | |

#### 1.2 出工准备

| 序号 | 名　称 | 确认 |
|---|---|---|
| 1 | 班组班前会 | |
| 2 | 出工三检查（着装规范、工器具齐全、精神状态良好） | |

## 2 作业中

### 2.1 作业组班前会

#### 2.1.1 本作业危险点分析及安全措施交底

| 序号 | 危险点分析 | 安全控制措施 | 确认 |
|---|---|---|---|
| 1 | 搭接检修电源、端子箱工作中低压触电 | 拆接线前应确认电源确已断开，接线裸露部分小于5mm | |
| 2 | 高处作业时坠落 | 安全带经校验合格，且系挂在牢固的构架上。绝缘梯应专人扶持或专梯专用，绑扎牢固。上下设备前，须清除鞋底的油污 | |
| 3 | 一次引线拆、接过程中，击伤人员或附件 | 引线拆除前，应用绳子绑扎牢固，防止接线板紧固螺栓拆除后引线随意漂移 | |
| 4 | 涉油作业中火灾隐患 | 现场严禁吸烟和明火，电焊、气焊等工作要远离检修区域，并备足消防器材 | |
| 5 | 电动工具使用中触电 | 电动工具外壳必须可靠接地 | |
| 6 | 上下绝缘梯子和设备时，油迹打滑摔伤 | 必须清除鞋底的油污 | |
| 7 | 误入带电间隔 | 1．确认现场安全措施与工作票相符，加强现场监护。<br>2．主变压器防止误入运行中的主变压器 | |
| 8 | 设备拆卸的引线或接头没恢复 | 检修收工时，专业负责人应全面检查拆卸的引线或接头是否恢复良好 | |
| 9 | 工器具遗留在变压器等设备上 | 收工前各专业负责人详细检查设备，确认没有遗留物 | |

#### 2.1.2 其他班组间配合或交叉作业危险点分析及安全措施交底

| 序号 | 相关班组 | 危险点分析 | 安全控制措施 | 确认 |
|---|---|---|---|---|
| 1 | 高压班 | 高压试验与检修工作交叉进行易发生人身伤害事故 | 试验前，确保检修人员已撤离试验区域。试验中大声唱和 | |

#### 2.1.3 安全措施确认

| 我已知晓上述工作地点、工作内容、停电范围、作业分工、危险点及安全控制措施，精神状态良好。<br>确认签字： |
|---|

### 2.2 关键工序安全质量控制

| 序号 | 关键工序 | 质量安全控制 | 确认 |
|---|---|---|---|
| 1 | 变压器整体外观检查，水冲洗 | 注意法兰与阀门是否存在渗油 | |
| 2 | 检查、清扫低压侧母排及支持绝缘子 | 1．支持绝缘子为白色无伞裙光绝缘子（爬距不足）须立即上报。<br>2．检查瓷套有无裂纹破损，轻微损伤可用环氧树脂粘补 | |

表（续）

| 序号 | 关 键 工 序 | 质量安全控制 | 确认 |
|---|---|---|---|
| 3 | 拆除各侧引线，检查一次引流线夹 | 引流线应固定，检查接线柱（夹）是否开裂 | |
| 4 | 检查、清扫各侧套管将军帽、套管、升高座，检查套管油位、末屏接地 | 高空作业中，使用的工器具应绑扎，做好防坠落措施 | |
| 5 | 检查本体、有载开关油位计 | 1．检查储油柜油位。按温度曲线查对油位计、指示正常。<br>2．检查储油柜及连管、油位计密封情况。密封良好无渗漏油及油位计进水痕迹。<br>3．检查储油柜油位计信号回路，高、低油位发信正确 | 本体油位刻度：<br>有载油位刻度： |
| 6 | 检查本体、有载开关气体继电器或油流继电器及压力释放阀 | 压力释放装置：<br>1．检查压力释放阀密封无渗油痕迹。<br>2．检查压力释放阀警报器接点。<br>气体继电器或油流继电器：<br>1．检查气体继电器或油流继电器密封良好，无渗油痕迹。<br>2. 检查气体继电器或油流继电器取气装置阀门关闭，无渗油 | |
| 7 | 检查有载分接开关及操作箱，进行手动、电动升降挡调试 | 1．有载分接开关头盖及各连接管道密封良好，无渗漏油。<br>2．有载分接开关操作机构箱盖密封良好，无进水现象，操作开关来回二次，无滑挡现象。<br>3．有载分接开关滤油机管道无渗油，打开管道阀门进行滤油 6h，停机后关闭阀门 | |
| 8 | 检查在线滤油装置，与分接开关进行联动调试 | 启动前，确认进、出油管阀门已打开 | |
| 9 | 检查本体、有载开关呼吸器（呼吸器） | 1．玻璃罩破损。密封圈绝缘老化予以更换。<br>2．干燥吸附剂装入呼吸器离顶盖留下 1/5 高度空隙。<br>3．加油至正常油位线能起到呼吸作用。<br>4．轻拿轻放，防止打碎玻璃杯罩，油杯油位、硅胶量应符合标准 | |
| 10 | 检查各散热片管道及阀门，若为风冷，应进行冷却器手动、自动起停调试 | 冷却器联管法兰密封良好，无渗漏；阀门开、闭位置正确，动作灵活；排气堵头密封良好密封圈无老化、破损。<br>清扫散热器表面，油垢严重时可用浓度为 3%～5%的氢氧化钠溶液清扫，然后用水进行清洗 | |
| 11 | 吸湿硅胶、油封；法兰密封检查 | 吸湿硅胶无变色；油封油杯完好，油位符合刻度线标示；法兰密圈完好，无老化、破损 | |
| 12 | 本体接地点；铁芯、夹件接地点检查 | 本体接地完好，应有两点可靠接地，接地导体截面符合要求；铁芯、夹件接地紧固、良好 | |
| 13 | 检查变压器各端子箱及二次电缆 | 应注意防小动物遮网有无破损；箱内加热器、密封检查 | |
| 14 | 检查变压器本体接地 | 接地良好 | |
| 15 | 其他常态维护（相色油漆、除锈补漆、热缩包扎、缺陷处理） | 使用高空作业车应有专人指挥 | |
| 16 | 主变压器各侧引线恢复：<br>主变压器套管接线板及线夹无开裂，表面应用无水乙醇清洗干净，不要用铁砂纸砂，涂上导电膏 | 防止损伤套管 | |

### 2.3 作业验收

#### 2.3.1 检修人员验收

| 序号 | 验收内容 | 确认 |
|---|---|---|
| 1 | 检查主变压器各处均无未处理的渗油，所有取油口均已关紧 | |
| 2 | 检查主变压器各处均已紧固，目测线夹弹簧垫收缩到位，专业负责人应全面检查拆卸的引线或接头是否恢复良好 | |
| 3 | 检查主变压器油位、相色、热缩包扎、气体继电器观察窗、呼吸器硅胶 | |
| 4 | 检查主变压器及其附件上各处阀门均已正确开、闭 | |
| 5 | 检查主变压器及其附件上各二次接线盒、端子箱均已关紧，防火封堵完好 | |
| 6 | 检查被检修设备是否有遗留物，被检修设备是否已恢复至检修前状态 | |
| 7 | 缺陷处理情况自查 | |
| 8 | 工作负责人验收签字： | |

#### 2.3.2 运维人员验收

运维人员验收：
检修记录已登记，现场已验收合格。　　　　运维人员确认签字：

### 2.4 作业组班后会

| 序号 | 项目 | 确认 |
|---|---|---|
| 1 | 作业组班后会 | |
| 2 | 存在问题及措施： | |

## 3 作业后

### 3.1 作业后工作

| 序号 | 项目 | 内容 | 确认 |
|---|---|---|---|
| 1 | 生产管理系统流程运转 | 缺陷流程运转、检修报告编写上传、完成时限填写、完成设备作业后评估 | |
| 2 | 录音上传 | 工作票录音 | |
| 3 | 作业文件归档 | 安全质量控制卡、工作票、检修报告 | |

### 3.2 作业评价

评价情况：经检查，本控制卡＿＿＿＿＿＿＿＿＿，存在＿＿＿＿＿＿＿＿＿＿＿＿＿＿＿＿＿＿＿＿＿＿＿＿＿＿＿＿＿＿＿＿＿＿＿＿＿＿＿＿＿＿＿＿＿＿＿＿问题，已向＿＿＿＿＿＿＿＿＿＿＿＿＿＿提出。

检查人：＿＿＿＿＿＿＿＿＿＿

＿＿＿＿年＿＿＿＿月＿＿＿＿日

## 3 变电站电气第一种工作票

××电业局（供电公司）

变电站电气第一种工作票

编号：××××××

1．部门：×××　工作班组：×××　工作负责人：×××

2．工作班人员：×××、×××、×××

共 ×× 人

3．工作任务：

| 工 作 地 点 | 工 作 内 容 |
|---|---|
| 220kV××变电站×号主变压器本体 | 220kV××变电站×号主变压器本体例行检修 |

4．计划工作时间：自××年×月×日×时×分至××年×月×日×时×分

5．安全措施：

电气接线图或必要时可附页绘图说明：××变电站××主变压器本体转检修。

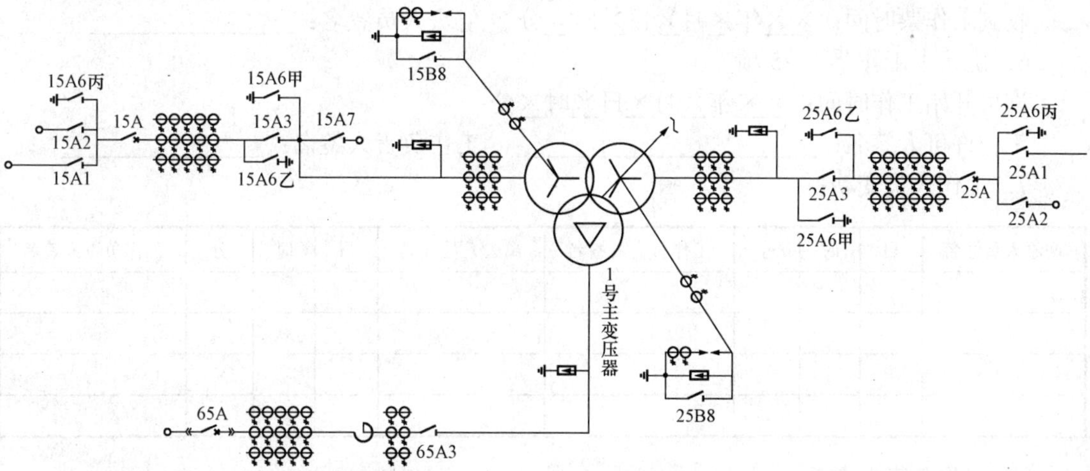


许可前由工作许可人会同工作负责人到现场逐项检查核对后在已执行栏打√。

| 序号 | 应断开的断路器、刀闸，应取下的熔丝，应解除的继电保护连接片等（包括填写前已断开、取下、解除的）注明编号 | 已执行 |
|---|---|---|
| 1 | 应断开25A、15A、65A断路器，25A1、25A2、25A3、15A1、15A2、15A3、15A7、65A3刀闸 | |
| 2 | 应断开25A、15A、65A断路器控制电源 | |
| 3 | 应断开25A1、25A2、25A3、15A1、15A2、15A3、15A7刀闸操作电源、电机电源 | |

| 序号 | 应装接地线、应合接地刀闸（注明接地线具体位置，并留出空位由许可人注明接地线编号） | 已执行 |
|---|---|---|
| 1 | 应在1号主变压器220kV侧25A3刀闸靠主变压器侧装设　　号三相短路接地线一组 | |

表（续）

| 序号 | 应装接地线、应合接地刀闸（注明接地线具体位置，并留出空位由许可人注明接地线编号） | 已执行 |
| --- | --- | --- |
| 2 | 应在1号主变压器110kV侧15A3刀闸靠主变压器侧装设　　　号三相短路接地线一组 | |
| 3 | 应在1号主变压器10kV侧避雷器引线上装设　　　号三相短路接地线一组 | |
| 序号 | 应设遮栏、应挂标示牌、防止二次回路误碰的措施 | 已执行 |
| 1 | 应在25A1、25A2、15A1、15A2、15A7、65A3刀闸操作把手上挂“禁止合闸，有人工作”标示牌 | |
| 2 | 应在1号主变压器本体上挂“在此工作”标示牌 | |
| 3 | 应在1号主变压器本体四周设置围栏或围网，其出入口围至临近道路旁边，并挂“由此进出”标示牌，工作地点四周围栏上挂“止步，高压危险！”标示牌，标示牌朝向围栏里面 | |

| 工作地点保留带电部分或注意事项（签发人或工作负责人填写） | 补充工作地点保留带电部分和安全措施（许可人填写） |
| --- | --- |
| | |

二次工作安全措施票（票号）：__________

工作票签发人签名：__________　签发日期：××年×月×日×时×分

收到工作票时间：××年×月×日×时×分　值班人员签名：__________

6．确认本工作票1～5项

许可开始工作时间：××年×月×日×时×分

工作许可人签名：__________　工作负责人签名：__________

7．工作人员变动：

| 增添人员姓名 | 日 | 时 | 分 | 工作负责人签名 | 离去人员姓名 | 日 | 时 | 分 | 工作负责人签名 |
| --- | --- | --- | --- | --- | --- | --- | --- | --- | --- |
| | | | | | | | | | |
| | | | | | | | | | |
| | | | | | | | | | |
| | | | | | | | | | |

8．工作负责人变动：__________

原工作负责人________离去，变更________为工作负责人。

变动时间：__年__月__日__时__分　工作票签发人签名：__________

9．工作票延期：有效期延长到：__年__月__日__时__分

工作负责人签名：__________　值长或值班负责人签名：__________

10．每日开工和收工时间（使用一天的工作票不必填写）

| 收工时间 | | | | 工作负责人 | 工作许可人 | 开工时间 | | | | 工作负责人 | 工作许可人 |
| --- | --- | --- | --- | --- | --- | --- | --- | --- | --- | --- | --- |
| 月 | 日 | 时 | 分 | | | 月 | 日 | 时 | 分 | | |
| | | | | | | | | | | | |
| | | | | | | | | | | | |
| | | | | | | | | | | | |

11．工作结束：设备及安全措施已恢复至开工前状态，现场已清理完毕，工作班人员已全部撤离。全部工作于×年×月×日×时×分结束。

工作负责人签名：________　　工作许可人签名：________

12．工作票终结：临时遮栏、标示牌已拆除，常设遮栏已恢复。接地线编号×××等共×组、接地刀闸×（小车）共×副（台）未拆除或拉开，已汇报调度。

工作许可（当值）人签名：________　　时间：××年×月×日×时×分

13．备注：

（1）检修工作中允许试分合的设备：

| 允许试分合的设备 | 解锁执行人 | 解锁时间 | 操作人 | 监护人 | 操作设备时间 |
| --- | --- | --- | --- | --- | --- |
|  |  |  |  |  |  |
|  |  |  |  |  |  |
|  |  |  |  |  |  |
|  |  |  |  |  |  |

（2）工作负责人指定专职监护人：

第一组_____负责监护________________

第二组_____负责监护________________

第三组_____负责监护________________

（3）其他补充安全措施：①上主变压器作业人员都必须系好安全带；②登高梯要有防滑措施；③与带电设备要保持足够的安全距离（220kV 不小于 3.0m；110kV 不小于 1.5m；10kV 不小于 0.7m）；④使用升降车必须要有专人监护；⑤升降车必须可靠接地

（4）其他事项：________________

14．交任务、交安全措施确认：我对工作负责人布置的工作任务及安全措施已明白无误，所有安全措施已能确保我的工作安全。

工作班人员签名：________________

15．评价情况：经检查本票为________票。存在________________问题，已向指出。

检查人：________

_____年____月____日

## 思考与练习答案

1．答：高空坠落、触电、机械伤害。

2．答：引线、本体及有载开关油位检查、套管检查、储油柜检查、压力释放阀检查、气体继电器检查、有载开关检查、冷却系统检查、渗漏油检查、接地点检查、整体密封检查、外壳清扫、补漆。